LETTRE
DE MONSIEUR
LE MARQUIS DE M***
A
UN GENTILHOMME DE SES AMIS,
CONTENANT
LA CRITIQUE DES CRITIQUES
DE L'OEDIPE
DE M. DE VOLTAIRE.

A PARIS,
Chez SEVESTRE, au bout du Pont S. Michel,
du côté du Marché-Neuf.

M. DCC. XIX.
Avec Approbation & Permission.

LETTRE
DE MONSIEUR
LE MARQUIS DE M***
A
UN GENTILHOMME DE SES AMIS,
CONTENANT
LA CRITIQUE DES CRITIQUES
DE L'OEDIPE
DE M. DE VOLTAIRE.

ONSIEUR,

Dans l'incertitude où j'étois si la censure sur le nouvel Oedipe étoit entierement épuisée, & si des Critiques plus susceptibles de prévention que de bon goût, cesseroient enfin de mettre au jour de nouvelles productions de leur esprit, j'avois jusqu'à présent différé à vous écrire, attendant de jour en jour que le merite infini de M. de Voltaire lui suscitât quelque nouvel ennemi, qui étant aussi facile à combattre que les autres, feroit remporter une foible victoire au vainqueur, par le peu de gloire qu'il retireroit de la défaite d'ennemis si peu redoutables & si mal aguerris.

Mais les esprits satyriques s'étant desabusez en voyant que le nouvel Oedipe étoit un rocher contre lequel ils venoient tous échoüer & se mettre en pieces, ils ont été contraints de ceder à un ennemi, qui, bien loin d'être ébranlé par leurs coups redoublez, en étoit devenu plus fort, & qui, malgré leurs traits envenimez, étoit toûjours sorti victorieux du combat.

Ils ont eu beau tout mettre en usage pour nous persuader que la guerre qu'ils declaroient au nouvel Oedipe étoit legitime & d'une necessité absolue, nous les avons forcez à lever le masque, & à avouer a leur confusion, que la jalousie & l'envie en étoient les causes principales : mais nous ne les avons confondus qu'en apparence ; & sans le mépris de M. de Voltaire, qui les a plus mortifiez que toutes les menaces du Public, nous les verrions encore disputer à l'envie l'un de l'autre à qui entreroit le premier dans la lice, pour lutter contre M. de Voltaire, & combattre sa nouvelle Tragedie.

En effet, le mépris que M. de Voltaire leur a témoigné par son silence, leur a causé beaucoup plus de chagrin que s'il leur eût fait l'honneur de se justifier : c'est ce silence qui les a à la fin desarmez, c'est lui qui a divisé leurs cabales ; enfin ce silence les a si fort aneantis, que le reste des ennemis, que le merite & la reputation ont attiré à M. de Voltaire, n'a ofé fe montrer, & a cherché fon falut dans la fuite.

J'avoue, MONSIEUR, que je devrois fuivre l'exemple de M. de Voltaire; je reffens même le plaifir & la joye que je goûterois à laiffer ces Critiques dans l'obfcurité où leurs propres écrits les ont reduits: ce feroit là le plus fûr moyen de les confondre fans reffource; ce feroit leur ôter l'efperance de pouvoir jamais revenir fur les rangs; ce feroit même le veritable fecret de les empêcher d'ennuyer dans la fuite le Public.

D'un autre côté, j'apprehende que M. de Voltaire ne me tienne mauvais compte de la part que je prens à ce qui le regarde. J'étois, me dira-t-il, plus en état de répondre que vous, & l'aurois fans doute fait, fi parmi un fi grand nombre d'ennemis j'en euffe trouvé un feul de redoutable, en faveur duquel j'aurois fait grace aux autres.

J'entens après lui le Public me demander compte de ma commiffion, & me faire fentir le tort que j'ai d'avoir fi mal défendu M. de Voltaire, fans qu'il m'en ait prié. Il faloit, me dit déja le Public courroucé, une plume correcte & au-deffus de la cenfure, pour ofer entreprendre la défenfe de M. de Voltaire, & à peine la vôtre ferviroit-elle en un befoin à combattre fes ennemis. Pourquoy être fi temeraire, & avilir par la baffeffe de vôtre ftile le merite de celui dont vous entreprenez l'éloge, & (à vous entendre) que vous voudriez immortalifer? Si vous vous fuffiez mis à l'épreuve, convaincu fans doute de vôtre peu de talent, furtout quand il s'agit de loüer, vous auriez laiffé à d'autres une entreprife auffi hardie, & vous vous feriez renfermé dans les limites que vôtre efprit trop borné vous prefcrit.

Quelque juftes que me paroiffent ces reproches, j'efpere de la bonté ordinaire du Public, qu'à la confideration de celui dont j'embraffe les interêts, (fa propre reputation m'étant plus chere que la mienne) il me fera grace fur bien des chofes, & aura pour ma Critique la même indulgence qu'il a eû pour tant d'autres Ecrits, qui, quoique d'un ftile plus relevé, étoient moins intereffans.

Aprés tout, le repos que produira ma Critique à M. de Voltaire, en le délivrant de l'importunité de fes ennemis, qui, laffez de ne pouvoir avoir aucun avantage fur lui, viendront auffi-tôt fondre fur moy, & ravis de trouver plus de facilité que de gloire dans ma défaite, me rendront dans la fuite l'inftrument de leur colere, engagera peut-être le Public à avoir quelque condefcendance pour mes fautes, & à ne jetter fur cet opufcule que des regards charitables.

Plein de cette efperance, je prens la liberté, MONSIEUR, de vous communiquer quelques-unes de mes reflexions fur les Critiques qu'on a faites de la nouvelle Tragedie d'Oedipe. Vous n'y trouverez ni delicateffe, ni arrangement, vous me reconnoîtrez aifément à ce difcours, & me fçaurez fans doute mauvais gré d'avoir ufurpé un rang qu'un autre auroit mieux rempli. J'en conviens ; & fans aller chercher bien loin un genie capable de défendre M. de Voltaire d'une maniere haute & diftinguée, je n'ai qu'à vous faire rendre raifon des motifs qui vous ont obligé à fauffer la parole que vous m'aviez donnée de le faire ; car les excufes & les inftances que vous m'aviez faites pour retirer vôtre parole, m'ont d'autant plus furpris, que ne connoiffant perfonne d'un efprit plus relevé que vous, qui foit plus fçavant & qui ait tant de difcernement, je ne connois que vous capable de tenir ce rang, & je ne vois que M. de

Voltaire qui soit digne de vôtre attention.

Quoy qu'il en soit, quelque piquantes que soient vos railleries, & quelque divertissement que vous procure mon discours, destitué d'art & de grace, je ne laisserai pas de mettre à execution le dessein que j'ai formé de donner au Public la Critique des Critiques du nouvel Oedipe ; le nombre d'ennemis que j'ai à combattre ne m'épouvante point, & quoique mauvais soldat, j'aurai assez de force pour les vaincre, & je me flate de remporter une victoire sûre & de durée : mais pour ne point tomber dans leurs pieges, & pour être plus sûr de leur défaite, je les combattrai chacun en particulier. Pour cela j'ai besoin de toutes mes forces, & c'est à quoy je vais me préparer.

Quoy qu'on paroisse fort prévenu en faveur de l'auteur de la premiere Critique, je soûtiendrai hardiment que son stile a surpris le jugement du Public, & que si sa Critique a trouvé des lecteurs, il n'en est redevable qu'à la nouveauté & au bruit que faisoit alors le nouvel Oedipe.

Cet Auteur paîtri de politique & de flaterie, n'éleve M. de Voltaire que dans l'esperance de le mieux rabaisser ; car malgré les louanges qu'il affecte de lui donner, on s'apperçoit aisément qu'il lui en veut du moins autant que les autres. Il a beau nous rapporter avec emphase toutes les beautez de la nouvelle Tragedie ; il a beau s'écrier avec admiration, *Que cette ouverture de Scene est frapante ! que cette expression est vraie & noble ! que cette peinture est nouvelle !* il me semble entendre ce flateur, qui, selon l'expression de M. Despreaux,

Rit tout haut de l'ouvrage, & tout bas de l'auteur.

La maniere dont l'auteur poursuit sa Critique, prouve assez que ses louanges sont plus à redouter que les injures d'un autre. Il change tout d'un coup de ton, & nous dévelope la malignité renfermée dans son éloge flateur : *La conduite de la Piece commence à lui devenir suspecte ; il a perdu Oedipe de vûe, & il ne lui paroît tout au plus qu'un second personnage dans la moitié de la nouvelle Tragedie.* Pour moy je trouve cette maniere de censurer insupportable, & j'aimerois beaucoup mieux que l'auteur, sans tant d'extases, fût d'abord venu au fait : & en effet n'est-ce pas agir en dépit du bon sens, que de se dédire dans l'instant, & de reprendre en donnant ?

Je trouve dans Despreaux un portrait qui ressemble si fort à nôtre auteur, que je l'en crois l'original ; il a trop de rapport à sa nouvelle maniere de mordre en flatant, & il lui convient si bien, que je veux qu'il ait le plaisir de s'y reconnoître. Je lui fais donc compliment avec ce sçavant Poëte sur sa Critique, & lui adresse ces paroles :

* *Voila jouer d'adresse, & médire avec art,*
Et c'est avec respect enfoncer le poignard.
Un esprit né sans fard, sans basse complaisance,
Fuit ce ton radouci que prend la médisance.

Passons-lui cependant ce défaut si considerable ; il ne s'en presente que trop d'autres qui nous fourniront une ample matiere de parler.

Nôtre nouveau Critique continue sur un autre ton, il se dément lui-même ; *il vient d'assurer qu'il ne retractoit rien des louanges qu'il avoit données à M. de Voltaire ; il lui a demandé la permission d'exposer sincerement quelques reflexions*

* Despreaux, Satyre 9.

qu'il

qu'il avoit faites sur sa Tragedie : mais il rend ces reflexions si universelles, qu'elles vont jusqu'à sonder l'interieur de M. de Voltaire, & à vouloir découvrir ses plus secretes pensées ; il les fait passer en critique outrée. Cette Piece, il n'y a qu'un moment si digne d'admiration, lui paroît à present sans arrangement ; le personnage de Philoctete le choque, il le condamne absolument ; il divise sa Tragedie & en fait deux, qu'il nous donne, l'une sous le nom de Philoctete, & l'autre sous celui d'Oedipe.

Une si grande contrarieté de sa part n'est-elle pas plus que suffisante pour nous convaincre de sa duplicité ? Il faloit mieux se taire que de se donner à connoître, en écrivant pour le seul plaisir de critiquer. L'auteur ne demeure pas en si beau chemin ; & sans examiner s'il est en état de prouver ce qu'il va avancer, il tourne en ridicule la compassion qu'a Jocaste pour Philoctete, dans un temps où l'obstination & l'aveuglement d'un peuple reduit à l'extremité attentoient à sa vie. La pitié de Jocaste lui paroît hors de saison ; il veut qu'elle soupçonne Philoctete, & qu'elle aide à le convaincre d'un crime si fort opposé aux sentimens d'honneur & à la generosité qu'elle lui connoissoit. Enfin il porte sa fureur jusqu'à trouver mauvais que Jocaste ne puisse cacher le chagrin & l'accablement où elle est de ne pouvoir proteger le merite, & garantir la vertu de l'imposture.

Aprés avoir donné des preuves si solides de son discernement ; aprés s'être efforcé en vain de nous convaincre que sa Critique est judicieuse, & que c'est sans passion qu'il agit, il s'érige en faiseur de plans, & pretend rendre de travers ce qui est droit : il épilogue sur tout, s'embarassant fort peu si ce qu'il dit est juste ou non, pourveu qu'il parle.

Ce Critique defintereffé a la temerité de préfcrire à M. de Voltaire les regles d'un art dont il devroit ignorer les principes ; il s'admire & s'applaudit à chaque regle qu'il donne, & avec cela il a le malheur de finir plus mal fon projet qu'il ne l'avoit commencé. Cela ne doit pas vous furprendre ; quand auffi mal fondé que nôtre auteur le paroît, on fait quelque entreprife, on doit en attendre de femblables iffues.

L'auteur n'en demeure pas là ; il ceffe d'être pedant pour reprendre fa Critique, dans un deffein formé d'ennuyer fes Lecteurs au point de les pouffer à bout ; auffi n'a-t-il fait treve aux invectives que pour en chercher de plus piquantes ; au torrent defquelles il fe livre tout entier. Non content d'avoir condamné la Piece en general, il attaque encore les plus beaux vers ; & pretend les rendre irreguliers ; il va même jufqu'à avancer, *que la Piece fe contredit en plufieurs endroits ; que la vraifemblance ne s'y rencontre point ; & que la plûpart des perfonnages font defectueux.* J'avoue que je ne puis l'entendre parler ainfi, fans concevoir de l'indignation contre lui ; & je fuis dans la derniere des furprifes de voir que cet auteur ayant été lû, il ne fe foit trouvé perfonne qui ait vivement pris le parti de M. de Voltaire.

Mais ce n'eft pas encore tout ; la paffion qui l'obfede ne le fçauroit quitter ; il fe plaît dans fon aveuglement, & trouve encore le fecret de placer fes injures ; il reproche à M. de Voltaire d'ignorer les principes de la grammaire, & de s'être endormi fur les regles de la Poëfie : il accompagne ces reproches de tant de déguifement, & les fait d'un ton fi flateur, qu'on remarque aifément dans fa duplicité un efprit trés-dangereux, & de qui on ne fe fçauroit trop défier.

DU NOUVEL OEDIPE. 11

D'abord il ne trouve à blâmer que des termes trop souvent repetez, que des rimes peu exactes, que des vers embaraffez; il ne cenfure que quelques équivoques, qui, à ce qu'il prefume, gâtent la beauté des vers; il ne critique qu'une expreffion trop outrée, mais enfuite il fe démafque & nous dit: *Cette interrogation & ce vers ont quelque chofe de niais; ceci n'eft que pour la rime, & non pas pour le fens; ce début n'a rien de noble, cette expreffion eft trop rempante.* Que vous femble, Monsieur, de la maniere d'agir de cet auteur? A-t-on jamais porté la fatyre jufqu'à ce point? Il n'a cependant pas encore mis le comble à fon defefpoir; le refte de fes injures ne manquera pas de vous indifpofer contre moy, m'attendant bien que vous me reprocherez vivement ma lâcheté, & la trop grande douceur avec laquelle je l'ai traité.

Nôtre auteur finit fa Critique par les traits les plus piquans que puiffe inventer la fatyre. C'eft ici qu'il a la hardieffe de reprocher à M. de Voltaire que fes vers font d'une conftruction peu exacte, & qu'il peche en plufieurs endroits contre les regles de la grammaire; enfin il va jufqu'à avancer qu'il fe trouve dans la nouvelle Tragedie d'Oedipe des vers fi negligez, qu'ils n'ont ni netteté ni elegance, & dont les expreffions lâches font du vieux ftile.

Je ne finirois point fi je voulois rapporter toutes les abfurditez de cet auteur, & entreprendre de les détruire: mais elles s'aviliffent affez d'elles-mêmes, fans qu'on perde du temps à vouloir les aneantir. Je finis donc en lui confeillant que fi dans la fuite l'envie de critiquer lui vient, il ait foin de mieux choifir fon monde; qu'il apprenne furtout à refpecter le merite & la fcience, devant fçavoir que le mal qu'on dit des autres retombe

B ij

toûjours sur soy, & que c'est agir prudemment que de se taire, quand on est, comme lui, plus enclin à blâmer que sçavant à bien faire.

Le second Censeur de M. de Voltaire, quoique moins dangereux, garde encore moins de mesures que le premier, & remplit aussi sa Critique d'invectives des plus piquantes; il se dit de Province, & en effet son discours ressent si fort le Norman, & l'auteur lui-même paroît si peu lettré, qu'il n'y a qui que ce soit qui ne l'eût reconnu, soit à sa rusticité, soit au faux procés qu'il intente à M. de Voltaire.

Il s'est apparemment imaginé que la naissance qu'il pouvoit avoir, & les Charges dont il étoit revêtu, fermeroient la bouche à ceux qui se trouveroient choquez de sa maniere d'écrire : mais il s'est lourdement trompé; il n'y a que le vrai merite qui puisse servir d'excuses aux fautes qu'on commet; & de quelque distinction que soit un méchant écrivain, on est toûjours en droit d'attaquer sa plume, & de proceder en forme contre ses écrits.

Rien n'étoit certainement plus dangereux pour nôtre auteur, que de vouloir emprunter un nom des foibles productions de son esprit. Je suis même trés-persuadé que la honte qu'il a à present de s'être laissé seduire par lui-même, l'a déja rendu plus circonspect, & l'empêchera d'avoir dans la suite la temerité de s'exposer à un combat d'esprit aussi inégal, tant par rapport à son peu d'érudition, qu'à la superiorité du genie de M. de Voltaire au sien. Il auroit, selon moy, mieux fait de taire toutes ses mauvaises raisons, & de renfermer dans lui-même ses impertinences, que de faire la folle entreprise d'attaquer la vertu, dans l'esperance de pouvoir triompher du merite incomparable de M. de Voltaire.

La Critique de cet auteur me paroît d'autant

plus mal fondée, que dans tout ce qu'il y dit, il ne paroît parler qu'après des personnes dépourvûes de bon goût & de jugement ; & le tort qu'il a en cela, c'est qu'il n'ignore pas qu'une sotise repetée tourne toûjours au desavantage de celui qui la releve.

Le peu de celebrité, dit d'abord nôtre auteur à M. de Voltaire, *que cette Piece vous a donnée, ne doit point vous prévaloir d'un succés peut-être passager*. Vous jugez sans doute assez, Monsieur, par ce début, que la suite y répondra, & c'est aussi ce que je puis vous assurer.

Le peu de celebrité! La gloire dont M. de Voltaire s'est vû chargé, les honneurs qu'il a reçûs ne durent-ils pas encore? Quelqu'un s'est-il retracté des applaudissemens qu'il lui a donnez? & ne voyons-nous pas tous les jours les personnes les plus distinguées disputer ensemble à qui aura M. de Voltaire dans sa compagnie, tant ils ont d'envie de couronner chacun en particulier son merite.

Je voudrois bien que nôtre Provincial me montrât quelqu'un, soit ancien, soit moderne, à qui un premier ouvrage ait fait autant d'honneur ; & si, comme je le presume, il n'en peut trouver, qu'il confesse hautement ses mauvaises intentions, & qu'il avoue, à sa confusion, que c'est par pure jalousie qu'il s'efforce d'ôter à M. de Voltaire la reputation que tout auteur n'a esperance d'acquerir qu'après un long & assidu travail.

Comme on a déja répondu à cette Critique, je passerai bien des choses sous silence, pour ne m'attacher qu'à quelques endroits qui m'ont entierement revolté, dont je ne dirai cependant qu'un mot.

Si jamais un auteur fut cité mal à propos, c'est

l'endroit où l'anonyme dit avec Despreaux à M. de Voltaire :

N'offrez point d'incidens un sujet trop chargé, &c.

A quoy je répons par la bouche du même auteur : *

Voulez-vous long-temps plaire, & jamais ne lasser ?
Faites choix d'un Heros propre à m'interesser.
En valeur éclatant, en vertus magnifique ;
Qu'en lui jusqu'aux défauts tout se montre heroïque ;
Que ses faits surprenans soient dignes d'être ouis ;
Qu'il soit tel que Cesar...

M. de Voltaire n'a-t-il pas suivi ce precepte à la lettre ? Jamais Heros interessa-t-il davantage qu'Oedipe ? Plus ses malheurs sont grands, plus il est digne d'admiration ; & s'ils attendrissent le spectateur, ce n'est que pour lui faire plaindre la vertu si mal recompensée.

L'auteur trouve mauvais & defectueux le rôle que joue Jocaste, & n'apporte que de mauvaises raisons pour condamner l'amour qu'on fait ressentir à cette Princesse : mais quel rôle insipide auroit-elle joué, & par où se seroit-elle fait distinguer des autres, si elle n'avoit eu du moins le souvenir d'un amour legitime, & si elle n'avoit craint pour les jours d'un homme qu'elle avoit autrefois aimé ?

Tant que le personnage de Philoctete dure, on ne pouvoit lui donner que de la compassion pour ses sujets, & en cela elle n'auroit rien eu que de commun avec les autres, & ne se seroit attiré nulle attention de la part du spectateur : *La ten-*

* *Despreaux Art Poët. Chant 3.*

DU NOUVEL OEDIPE.

dreſſe inquiete d'une épouſe pour ſon époux ; l'accablement d'une femme vertueuſe qui ſe trouve avoir commis ſans y penſer, & malgré ſoy, le plus horrible inceſte, n'auroient point été en leur place, Oedipe n'étant accuſé du Grand Prêtre que ſur la fin du troiſiéme Acte, & dans le temps que Philoctete ſe retire pour ne plus reparoître, & Jocaſte ne reconnoiſſant Oedipe pour ſon fils que ſur la fin du dernier Acte.

L'anonyme a-t-il été aſſez dépourvû de raiſon, pour ne point voir juſqu'où va la tendreſſe qu'elle a pour ſon époux ? A peine l'a-t-elle entendu nommer au Grand Prêtre pour le meurtrier de Laïus, que ſon trouble & ſon inquietude éclatent ſi fort, qu'elle traite ce Grand Prêtre de fourbe, & qu'elle va juſqu'à taxer les Dieux d'injuſtice ; & à peine ſçait-elle le crime qu'elle a commis, quoy qu'innocemment, qu'on voit aſſez juſqu'à quelles extremitez ſon deſeſpoir la porte.

Que nôtre Provincial convienne donc que M. de Voltaire dans les trois premiers Actes, à moins de les rendre inſipides auſſi-bien que le rôle de Jocaſte, ne pouvoit s'empêcher de lui donner les tendres ſentimens qu'elle fait paroître envers Philoctete.

L'anonyme, après s'être déchaîné contre le nouvel Oedipe, & avoir dit un torrent d'injures à l'auteur, finit en lui faiſant le ſanglant reproche d'être plagiaire ; & pour preuve, il rapporte pluſieurs vers qu'il dit avoir aſſez de conformité & de reſſemblance à ceux de nos meilleurs Poëtes : mais ſa preuve, pour me ſervir du proverbe, *eſt bien tirée par les cheveux* ; & je ne ſçai comment lui qui a tant lû Deſpreaux, ne s'eſt pas reſſouvenu d'un endroit qui détruit ce qu'il a la hardieſſe d'avancer. Voici ſa condamnation.

Aimez donc la raison ; que toûjours vos écrits
Empruntent d'elle seule & leur lustre & leur prix.
La plûpart emportez d'une fougue insensée,
Toûjours loin du droit sens vont chercher leur pensée.
Ils croiroient s'abaisser dans leurs vers monstrueux,
S'ils pensoient ce qu'un autre a pû penser comme eux.
Evitons ces excés ; laissons à l'Italie
De tous ces faux brillans l'éclatante folie, &c.

  Je ne sçai ce que pourra dire nôtre auteur pour excuser son peu de sçavoir ; faute de bonnes raisons, je suis sûr qu'il ne manquera pas de nous en donner d'aussi mauvaises que celles dont son libele est rempli.
  Ne trouvez-vous pas, Monsieur, que voila bien du papier perdu inutilement, & que je m'arrête trop à opposer de bonnes raisons à de mauvaises ? Je finis aussi, en renvoyant nôtre Provincial faire son profit de l'avis que Racine donne à ceux qui, comme lui, decident avec tant de presomption & si peu de connoissance sur les ouvrages des bons Auteurs ; car c'est à lui, & non à M. de Voltaire que s'adressent ces paroles : * " Il faut être ,, extremement circonspect & trés-retenu à pro- ,, noncer sur les ouvrages des grands hommes ; de ,, peur qu'il ne nous arrive, comme à plusieurs, de ,, condamner ce que nous n'entendons pas : & s'il ,, faut tomber dans quelque excés, encore vaut-il ,, mieux pecher en admirant tout dans leurs écrits, ,, qu'en y blâmant beaucoup de choses. ,, Si l'anonyme attend qu'il ait mis ce precepte en usage pour

* *Racine, Preface de l'Iphigenie.*

donner

DU NOUVEL OEDIPE.

donner quelques-unes de ses productions, il ne censurera personne dans la suite avec tant de legereté, & n'aura aucun lieu d'apprehender que ses écrits revoltent une seconde fois le Lecteur.

Un troisiéme Critique, moins sensé encore que les precedens, vient s'offrir à ma plume. J'avoue que je commence à me repentir de mon indiscretion, & à reconnoître la temerité de mon entreprise, ne pouvant répondre à leurs Critiques, qui ne sont qu'un tissu d'absurditez & d'invectives les plus piquantes, sans leur rendre injures pour injures.

Ce second anonyme commence par jetter son venin sur l'Epître dedicatoire de M. de Voltaire, & nous fait un galimatias duquel il lui seroit impossible de se tirer : il censure ensuite chaque vers en particulier, condamne dans les uns la rime, dans d'autres la cesure, trouve que dans des endroits la pensée est fausse, & rend hardiment & de son autorité privée la plûpart des mots impropres. Je trouve que le portrait suivant ne ressemble à personne mieux qu'à nôtre auteur ; je crois même que c'est trop faire son éloge que de lui en faire l'application.

* *Il est certains esprits, dont les sombres pensées*
Sont d'un nuage épais toûjours embarassées,
Le jour de la raison ne le sçauroit percer.
Avant donc que d'écrire, apprenez à penser.
Selon que nôtre idée est plus ou moins obscure,
L'expression la suit ou moins nette, ou plus pure ;
Ce que l'on conçoit bien s'énonce clairement,
Et les mots pour le dire arrivent aisément.

* *Despreaux Art Poët. Chant premier.*

Je n'entreprendrai point de le suivre dans sa Critique pour refuter tous ses vains raisonnemens & ses vagues propos ; le mépris que toutes les personnes sensées ont eu pour cet auteur, seul de son calibre, est si universel, que j'aurois fort mauvaise grace à relever ses sotises : & M. de Voltaire ayant poussé son mépris jusqu'à dédaigner de le lire, je le trouve assez rabaissé pour que sa Critique puisse pourrir en toute sûreté.

Il ne me reste qu'une simple observation à lui faire faire, qui pourra peut-être lui être de quelque utilité, s'il saisit une autre fois l'occasion d'écrire ; & s'il a assez de docilité pour suivre le precepte que je vais lui donner, je répondrois bien qu'il n'indisposera personne contre lui, & qu'il remettra les esprits que sa Critique a si fort revoltez. L'avis que je veux lui donner, est qu'en écrivant,

* *Tout doit tendre au bon sens : mais pour y parvenir,*
Le chemin est glissant & penible à tenir ;
Pour peu qu'on s'en écarte, aussitôt on se noye ;
La raison pour marcher n'a souvent qu'une voye.

La seule voye que nôtre auteur avoit à tenir étoit de se taire ; n'ayant pû le faire, il ne doit pas être surpris s'il s'est attiré l'indignation du Public.

Vous me demanderez peut-être, Monsieur, pourquoy ma Critique ne respecte pas la Piece suivante, que l'auteur donne sous le nom d'Apologie du nouvel Oedipe : mais non, il faudroit pour cela que vous fussiez le seul qu'une maniere de louer si nouvelle n'eût point alarmé ; & vous çavez sans doute que cette Apologie a été si mal

* *Despreaux Art Poët. Chant premier.*

DU NOUVEL OEDIPE.

reçûe du Public, que le peu d'exemplaires qu'on en a tirez

Cachez à la lumiere
Combattent tristement les vers & la poussiere.

Le petit nombre de personnes entre les mains de qui cette Apologie est par hazard tombée, ont dit d'une commune voix, qu'il faut que l'auteur ait eu de secretes raisons pour prendre la défense de M. de Voltaire d'une maniere si extraordinaire, & si incompatible avec la qualité d'ami qu'il usurpe.

La réponse qu'on a faite à cet auteur étant assez vive, je n'entreprendrai point de le combattre; je me reduirai seulement a quelques reflexions, qui ne pourront indisposer M. Mannory que contre lui-même. Le zele qu'il a paru avoir pour M. de Voltaire, quoique faux au jugement de plusieurs, est plus que suffisant pour m'engager à lui faire grace sur une infinité de choses, que j'aime mieux laisser dans le faux jour qu'il leur a donné, que d'en lever l'obscurité, en en découvrant le veritable sens.

Un Poëme insipide & sotement flateur,
Deshonore à la fois le heros & l'auteur.

Son Apologie n'a pas produit cet effet; la gloire de M. de Voltaire étoit trop affermie pour cela, tout le deshonneur est retombé sur son auteur.

La temerité que M. Mannory a eu de mettre son nom & sa qualité à la tête de son Apologie, me surprend certainement beaucoup : si son dessein étoit de se faire connoître, il y a reüssi fort heureusement. Les reproches que je pourrois lui en faire seroient mal placez; le peu d'honneur qu'il en a retiré a trop trompé son attente, & l'a assez

C ij

puni de sa presomption, pour qu'on lui pardonne une faute qu'il reconnoît avoir commise avec trop de legereté.

Il suffisoit que M. de Voltaire sçût que c'étoit M. Mannory qui prenoit ses interêts, sans en instruire le Public : l'Apologie, le nom & la qualité de l'auteur, n'ont du tout servi qu'à donner une bien petite idée de son genie, & à nous convaincre de son peu de sçavoir, pour ne pas dire de son ignorance.

Si l'anonyme qui a répondu à l'Apologie du nouvel Oedipe eût entierement rempli le titre qu'il donne à sa matiere, & ne se fût point mal à propos écarté de son sujet, en quittant brusquement M. Mannory pour venir fondre avec impetuosité sur M. de Voltaire, il auroit racourci le verbiage dont ma Critique n'est déja que trop remplie : mais puis qu'il a eu la temerité d'attaquer M. de Voltaire, j'aime mieux courir le risque d'ennuyer le Lecteur, que de ne pas reprimer son audace. A quoy a pensé cet auteur d'entreprendre M. de Voltaire ? N'avoit-il pas lieu d'étendre sa Critique sur M. Mannory ? N'avoit il pas même assez d'affaires que d'avoir à le combattre, sans vouloir temerairement mesurer ses forces avec un ennemi si redoutable, & jusqu'à present invincible ?

Cet auteur, avant que de verser son poison sur la nouvelle Tragedie, prévient le Lecteur, *& le conjure de n'être point surpris, si lui ayant entendu donner des louanges à M. de Voltaire, il le voit dans la suite relever quelques défauts que le feu & la vivacité de son esprit l'ont empêché d'appercevoir.* Mais il n'y gagne rien, sa priere ne sert qu'à irriter le Public contre lui ; & à peine sa Critique est-elle au jour, qu'il la voit condamnée à garder une prison perpetuelle.

L'auteur, après s'être attiré le mépris de toutes les personnes de bon goût, suit le chemin que les premiers Critiques, pour le moins aussi sensez que lui, ont frayé; son esprit satyrique se fait un point capital de censurer les plus beaux endroits de la Tragedie: *Il est*, dit-il, *dans la derniere des surprises de voir qu'on entreprend de justifier le rôle de Philoctete*. & pretend prouver *qu'outre que le rôle qu'il joue n'est ni preparé ni ménagé, on ne peut le regarder que comme un fanfaron.*

Ensuite il avance faussement *que Jocaste sacrifie à Philoctete tout ce qu'elle a de plus cher*; & conclut par dire, *qu'on ne sçauroit raisonnablement donner de l'amour à Jocaste, le sujet ne fournissant que trop de lui-même.* Je n'ai jusqu'à present été que trop long, pour détruire par une répetition tous les vains raisonnemens: au surplus, leur peu de fondement les ayant fait rejetter, ce seroit perdre mal à propos un temps que les nouvelles grossieretez de cet auteur me donneront assez lieu d'employer.

L'auteur de cette Réponse ne peut regarder Oedipe que comme un homme qu'on ne sçauroit definir, & qui se dément à tout moment; il va même jusqu'à oser le taxer d'impieté. Je ne rapporterai autre chose pour faire tomber cette calomnie que ce qui a déja été dit, qui est, " que la difference " des situations fait parler differemment un homme " toûjours égal à lui-même; qu'Oedipe est moderé " dans la bonne fortune, & qu'il ne peut refuser " de justes plaintes aux malheurs dont il se voit " tout d'un coup accablé. „ Il faudroit que l'auteur fût dépourvû de tout sentiment commun, & se fût fait une étude de penser autrement que les autres, pour ne point voir le tort qu'il a eu de trouver à redire dans le caractere de ces differens personnages, & pour desavouer que le caprice tout pur ait produit ses reflexions.

Sans faire un parallele du Grand Prêtre avec le Docteur de la Comedie Italienne, je pretens faire tomber sur cet anonyme tout le ridicule qu'il lui attribue; car comment s'est-il aveuglé jusqu'au point de ne point sentir que le Grand Prêtre étant porteur d'une nouvelle si inesperée, & accusant Oedipe d'un crime si peu vraisemblable, devoit se faire soupçonner de traître & d'imposteur, & par consequent ressentir les effets du desespoir dans lequel le simple soupçon d'un crime si detestable devoit faire entrer Oedipe? Pour moy, je serois curieux de sçavoir comment nôtre anonyme traiteroit une personne qui l'accuseroit d'un crime que tout paroîtroit détruire, & que la raison même combattroit.

L'auteur finit par vouloir montrer que la Religion est méprisée dans la nouvelle Tragedie d'Oedipe: mais il sçait trop peu distinguer le faux d'avec le vrai pour qu'on s'en rapporte à ses decisions. Pour preuve de ce qu'il avance, il nous rapporte entr'autres ces deux vers qu'il dit si impies, *que c'est n'avoir ni Dieu, ni foy, ni loy, que de montrer de tels sentimens.*

Ne nous fions qu'à nous, voyons tout par nos yeux;
Ce sont là nos trépieds, nos oracles, nos Dieux.

Il me semble voir nôtre Critique s'applaudir d'avoir trouvé une si belle occasion de censurer; le trop grand empressement qu'il a eu de critiquer l'a fait trop tôt prendre le change, & l'a empêché de faire attention au tort qu'il avoit de reprendre M. de Voltaire d'avoir mis ces paroles dans la bouche d'un Courtisan, ces sortes de gens étant pour

DU NOUVEL OEDIPE.

l'ordinaire flateurs, & toûjours prêts à sacrifier leur religion à leurs interêts.

Me voila enfin parvenu, Monsieur, à la fin de la Critique de cet auteur pour ce qui regarde M. de Voltaire ; je n'ai plus que quelques legeres observations à lui faire faire en general, & quelques faux principes à détruire. Vous bâillez sans doute, & si je ne finis bientôt, le sommeil vous fera remettre à un autre jour le peu de lecture qui vous reste à faire. Je vous réponds que je souffre plus que vous d'avoir affaire à tant d'esprits, qui, quoique differens, ne laissent pas de se ressembler assez, ayant tous affecté de ne rien dire de censé ni d'àpropos.

L'anonyme dans le commencement de sa Réponse à M. Mannory, avance faussement que la satyre est le dernier genre d'écrire auquel on puisse s'attacher : mais il se trompe lourdement, & il seroit à souhaiter que M. Mannory & lui pûssent y reüssir ; ils se distingueroient l'un & l'autre, & se tireroient de l'obscurité où leur Critique les a ensevelis. Horace, Perse & Juvenal sont-ils tombez dans l'oubli & dans le mépris, parce qu'ils se sont attachez à ce genre d'écrire ? Les Satyres de Despreaux ont-elles nui à sa reputation ? N'ont-elles pas au contraire immortalisé sa memoire ?

* *La Satyre en leçons, en nouveautez fertile,*
Sçait seule assaisonner le plaisant & l'utile,
Et d'un vers qu'elle épure aux rayons du bon sens,
Détrompe les esprits des erreurs de leurs temps.
Elle seule bravant l'orgueil & l'injustice,
Va jusques sous le dais faire pâlir le vice ;

* *Despreaux Satyre 9.*

Et souvent sans rien craindre, à l'aide d'un bon mot,
Va vanger la raison des attentats d'un sot.

Mais, répond sur le champ nôtre auteur,

La Satyre, dit on, est un métier funeste,
Qui plaît à quelques gens, & choque tout le reste;
La suite en est à craindre, en ce hardi métier
La peur plus d'une fois fit repentir Regnier.

Si cet anonyme ne se rend pas, c'est plus par obstination que faute de connoître la solidité des raisons & des preuves que je lui rapporte. Voyons cependant s'il tiendra contre celles-ci.

* *L'ardeur de se montrer, & non pas de médire,*
Arma la verité du vers de la Satyre:
Lucile le premier osa la faire voir,
Aux vices des Romains presenta le miroir,
Vengea l'humble vertu de la richesse altiere,
Et l'honnête homme à pied du faquin en litiere.

En second lieu, l'auteur tombe dans le même défaut dont il fait un crime à M. Mannory, qui est de ne dire non plus que des injures des plus grossieres : il fait des fautes de grammaire si lourdes, qu'elles ne sont pas pardonnables. Il veut, dans l'article où il parle de M. Dacier, que l'obscurité d'un auteur lui tienne lieu de merite ; & pour soûtenir sa proposition erronée, il affecte tant d'obscurité en un endroit, qu'il faut necessairement lui avoir recours, si on veut en découvrir

* *Despreaux Art Poët. Chant 2.*

le sens ; & encore je doute qu'il le pût trouver, s'étant peut-être fait un capital de ne se pas donner à entendre à lui-même. Si je n'avois que les faux argumens de cet auteur à rétorquer, je m'étendrois davantage : mais il se presente de nouveaux ennemis qu'il faut combattre, dont la défaite cependant ne me promet pas non plus une victoire bien glorieuse.

Jamais rien n'a paru de plus pitoyable, qui meritât moins l'impression, qui eût plus de contrarieté avec le bon sens, & qui fût moins digne d'être lû, que la Lettre d'un Gentilhomme Suedois sur la nouvelle Tragedie d'Oedipe. Bien l'oin d'envier à l'auteur qui a fait réponse à cette Lettre, le peu d'honneur que lui ont attiré ses refutations mal placées, en critiquant ce qui étoit indigne de censure, je croirois trop m'abaisser, que d'avoir la moindre envie de combattre un ennemi si méprisable. Car je n'ai aucun égard à la qualité de Gentilhomme qu'il se donne, la croyant fausse & usurpée ; les personnes de distinction ayant pour l'ordinaire des sentimens plus relevez que les siens.

Je le méprise trop pour vouloir faire un pas avec lui dans sa Critique ; ce seroit avoir une trop grande demangeaison de critiquer, que de vouloir en montrer le ridicule. Elle en est si fort remplie, que tout le monde, même les plus ignorans, l'ont reconnu. Ses comparaisons sont si extravagantes, que je passerois pour insensé en voulant les faire remarquer ; & sa Critique s'est trop aneantie pour qu'on entreprenne de la détruire.

Tout ce que je pourrois dire de ce Gentilhomme Suedois ne seroit rien, en comparaison des piquantes railleries qu'on en a fait partout, & de la maniere trop injurieuse, selon moy, avec laquelle on l'a traité.

Je souhaite que ce soit là la derniere méprise que fasse cet auteur : mais il me paroît avoir trop bonne opinion de lui-même pour demeurer en si beau chemin.

Pour moy, MONSIEUR, je vous avoue que je ne sçaurois jetter la vûe sur sa Critique, sans m'écrier aussitôt :

*L'impertinent Auteur !
L'ennuyeux Ecrivain ! le maudit Traducteur !
A quoy bon mettre au jour tous ces discours frivoles,
Et ces riens enfermez dans de grandes paroles ?*

L'avis que j'aurois à donner à cet étranger, seroit de venir retrouver son Maître de Langue pour r'apprendre des principes qu'il paroît avoir entierement oubliez, & de ne plus abandonner une ville qui est l'élement des sçavans & des gens d'esprit.

La réponse qu'un auteur anonyme s'est avisé de faire à la Lettre du Gentilhomme Suedois, a donné à tout le monde des preuves certaines du manque de discernement & du peu de sçavoir de cet auteur, en choisissant un sujet si sterile pour se faire distinguer ; que ce seroit démentir le Public, que de vouloir montrer la faute qu'il a commise de critiquer ce qui étoit indigne de lecture. La honte qu'il a eu de s'être attiré un mépris si universel, dans un temps où il esperoit faire briller son esprit, lui a fait faire une forte resolution de n'être plus si precipité une autre fois, & de s'en tenir toujours à ses premiers sentimens.

C'est n'avoir gueres d'estime pour les personnes distinguées, & qui ont quelque consideration pour nous, que de leur marquer nôtre reconnoissance en leur dédiant un ouvrage qu'on sçait ne rien valoir.

* *Despreaux Satyre 9.*

C'est cependant ce qu'a fait nôtre anonyme : il adresse hardiment sa refutation à un ancien Avocat au Parlement. Je suis sûr qu'il n'est pas à desavouer cet ouvrage, & qu'il a assez blâmé la temerité de cet auteur.

Cet anonyme est si peu versé dans les belles Lettres, & sçait si peu la maniere d'écrire juste, qu'il ne peut se fixer, s'écartant à tout moment de son sujet. Dans le commencement de sa Critique, ou plûtôt dans sa dedicace, il traite cet auteur Suedois d'ignorant, & le taxe de n'avoir ni bon sens, ni esprit, ni discernement. *Il ne peut*, dit-il, *souffrir qu'un homme qui se dit écolier dans une Langue qui ne lui est pas naturelle, & qui veut bien s'abaisser à soûmettre ses ouvrages à la decision d'un autre, ait la hardiesse, non seulement de porter la satyre sur une Piece consacrée par une approbation presque universelle; mais encore ait la temerité d'en corriger des vers entiers, d'en changer les pensées les plus justes & les expressions les mieux choisies.*

Je voudrois sçavoir ce qu'il entend par ce terme, *presque universelle*; s'il pretend parler de deux ou trois Critiques qui ont témoigné par leurs écrits lui refuser leur approbation, il devoit sçavoir que ces infortunez auteurs ne font point corps avec les personnes de bon goût, & que leurs invectives ont plûtôt augmenté l'approbation qu'on a donnée à M. de Voltaire, que servi à la diminuer.

A peine cet auteur est-il entré en matiere, qu'il trouve que la Critique du Gentilhomme, *quoique trés-mal fondée, est cependant bonne.* Il donne des décisions qui prouvent de sa part une contradiction manifeste, & qui decelent clairement son mauvais goût. Le plus sûr pour lui étoit de garder le silence, il auroit donné par là des preuves de son mépris pour la Lettre de ce Gentilhomme Suedois, & de son estime pour M. de Voltaire. Je répondrois bien pour M. de Voltaire, qu'il l'eût dispensé de le défendre, & qu'il auroit preferé un respectueux silence à un si foible éloge.

L'anonyme, après être convenu qu'il ne s'est jamais vû une censure aussi mal imaginée, plus injuste, plus mal fondée, & moins digne de lecture que celle de cet auteur, finit sa réponse par lui donner de l'encens, & l'élever beaucoup plus qu'il ne l'a abaissé. Je vous laisse le soin, MONSIEUR, par ce que je vais vous faire observer, de caracteriser cet auteur.

L'on pourroit cependant, dit cet anonyme, *me taxer d'injustice, si je n'avouois hautement que ce Gentilhomme Suedois a fait briller assez de vivacité dans plusieurs endroits de sa Lettre. Il est vrai qu'on eût pû prouver davantage.*

Faites attention à ceci, je vous prie, *si on eût pû prouver davantage*, sa Critique est donc bien fondée. Vit-on jamais un trait plus satyrique ? Si sa Critique est juste, pourquoy perdre du temps à la refuter ? Convenons plûtôt, MONSIEUR, qu'il ne sçait absolument ni ce qu'il dit, ni ce qu'il vient de faire, & qu'il a trop peu d'intelligence pour pouvoir porter son jugement sur un ouvrage, quelque mauvais qu'il soit.

Ce brillant genie n'en demeure pas là, il continue en ces termes : *On ne peut trop excuser un étranger, qui quoy qu'ami des belles Lettres, ne doit pas sçavoir toutes les expressions changeantes d'une Langue à laquelle l'on ajoûte tous les jours de nouvelles beautez*. Belle conclusion ! Sur de tels principes, nous verrions tous les jours l'ignorance insulter la science, & tout esprit de travers se croiroit en droit de répandre sa bile sur les ouvrages au-dessus de sa portée. Cet auteur ignorant la Langue Françoise devoit se taire, & ne point critiquer une Langue qu'il n'a jamais pû apprendre.

L'anonyme n'en demeure pas là ; il lui fait une reparation d'honneur proportionnée aux injures dont il l'a accablé ; il confesse le tort qu'il a eu de le critiquer, avouant que ce n'a été que la demangeaison d'écrire bien ou mal qui l'y a poussé. Voici son propre aveu : *Il ne doit pas non plus m'en vouloir, si je l'ai poussé trop vivement en certains endroits où le bon sens ne laissoit pas d'être de son parti. C'est le feu d'une verve impetueuse & inconsiderée, que la jeunesse entraîne inconsiderément ; & s'il s'en trouvoit choqué, je serois toûjours prêt à lui en faire excuse, étant avec tout le respect possible son tréshumble & trés-obeïssant serviteur.* Que pensez-vous, Monsieur, de cette nouvelle methode ? Pour moy je n'y trouve ni sens ni raison, & je ne le puis regarder que comme le chef-d'œuvre d'un extravagant.

L'auteur veut nous montrer qu'il reüssit aussi mal en vers qu'en prose, & fait un froid panegyrique de celui qu'il a pris pour son prototype. Cet anonyme me paroît avoir une si grande conformité de stile avec le Gentilhomme Suedois, que je crois que ces deux Critiques sont parties de la même plume. Quoy qu'il en soit, je les renvoye tous deux au Maître de la Langue Françoise ; l'un pour apprendre les principes de la grammaire, & l'autre pour apprendre à écrire juste, & à parler à propos.

Les deux auteurs que je viens de quitter m'ont paru avoir tant de ressemblance, que je les ai joints l'un avec l'autre, & ai laissé pour la derniere la Critique qui a paru aprés la Lettre Suedoise.

L'auteur de cette Critique se dit Abbé. Il trouve n'avoir pas assez d'affaires que de n'avoir à combattre que M. de Voltaire. C'est pourquoy il défie au combat tout le Public, qui s'est declaré le zelé partisan de M. de Voltaire, le traitant d'ignorant, & l'accusant de ne jamais corriger ses premiers jugemens, quoy qu'il en reconnoisse la fausseté.

Cet auteur a beau seul representer *que cette Piece est contraire à plusieurs regles du bon sens, & à quelques loix fondamentales du Theatre* ; en vain veut-il montrer *que la vraisemblance & les mœurs n'y sont pas toûjours observées, que les caracteres n'y sont point soûtenus, & qu'elle n'a ni nœud ni intrigue* : il ne fait que revolter le Public contre lui, qui lui répond que si la Piece n'étoit pas un chef-d'œuvre, tant de personnes ne s'étudieroient pas à la rabaisser.

On croiroit, à voir nôtre auteur si mal decider du merite & du prix d'un auteur aussi recommandable que l'est M. de Voltaire, & lui faire ainsi la leçon avec tant de hauteur,

Qu'étant seul à couvert des traits de la satire,
Il a seul tout pouvoir de parler & d'écrire.

Mais il se trompe lourdement ; il devroit plûtôt s'appliquer à meriter les applaudissemens du Public, en lui donnant quelque ouvrage digne d'être mis en parallele avec la nouvelle Tragedie, que de s'en attirer l'indignation, en critiquant seulement pour critiquer. Ne devroit-il pas se dire avec plus de raison ce que Despreaux se disoit à lui-même ?

Muse, changeons de stile, & quittons la satire :
C'est un méchant métier que celui de médire ;
A l'auteur qui l'embrasse il est toûjours fatal,
Le mal qu'on dit d'autrui ne produit que du mal.

L'auteur prétend montrer que le discernement & le bon goût n'accompagnent pas toûjours le jugement du Public, & que des Critiques sensez font souvent tomber les préjugez favorables qu'on a eu d'un ouvrage qui a surpris l'estime qu'on lui a donnée. Toutes celles qu'on a faites du nouvel Oedipe, aussi bien que la sienne, étant écrites en dépit de la raison, prouvent que la nouvelle Tragedie n'a aucun des défauts qu'on lui reproche.

Cet Abbé perd un moment Oedipe de vûë pour porter sa censure sur le Cid, afin que tout puisse ressentir ses coups. *Le sujet du Cid*, dit nôtre auteur, *est interessant; le sot orgüeil y est puni; le Comte de Gormas, moins Espagnol que Philoctete, ne prend congé de la compagnie que pour aller en l'autre monde*. Pour détruire lui-même ce qu'il dit, tant du Cid que d'Oedipe, je le renvoye lire Despreaux, n'ayant recours qu'à cet auteur, qui est seul plus que suffisant pour renverser tous ses vains efforts.

Quand un Livre au Palais se vend & se debite,
Que chacun par ses yeux juge de son merite,
Que Billaine l'étale au deuxiéme pilier,
Le dégoût d'un censeur peut-il le décrier?
En vain contre le Cid un Ministre se ligue,
Tout Paris pour Chimene a les yeux de Rodrigue:
L'Academie en corps a beau le censurer,
Le Public revolté s'obstine à l'admirer.

L'Academie se ligua-t-elle contre le nouvel Oedipe? Ce qui n'arrivera pas; tout Paris ne rabattroit rien des sentimens favorables qu'il a conçûs pour une Piece qui ne les merite que trop.

Cet Abbé est du calibre de ceux qui, de desespoir de ne pouvoir reüssir à rien, attaquent au hazard un ouvrage dont ils entendent vanter le merite, n'étant pas capables de juger par eux-mêmes de sa bonté.

L'auteur finit par dire :

Admonere, non mordere volumus.

Je pourrois lui répondre, & lui aider à démêler son galimatias, en le faisant convenir que

Mordere, non admonere voluit.

Mais je ne veux point avoir d'éclaircissemens avec lui ; & comme je n'ai envie de lui justifier M. de Voltaire que lors qu'il aura appris à parler, je crois avoir encore long-temps à m'y préparer.

Je crois, MONSIEUR, que la défaite des ennemis de M. de Voltaire est pleine & entiere ; je les crois confondus sans ressource, & hors d'état de pouvoir jamais se rallier, quelques efforts qu'ils fassent, & quelques entreprises qu'ils forment pour attirer dans leur parti de nouvelles troupes. Je vous envoye ma Critique, vous priant de la prendre sous vôtre protection ; étant bien persuadé que vous excuserez les fautes qui s'y trouveront, & que vous prendrez ma défense contre les attaques des ennemis qu'elle ne sçauroit manquer de m'attirer. Je suis, MONSIEUR, en attendant vôtre décision, & me flatant, tant de vôtre côté que de celui du Public, de l'indulgence qu'on doit avoir pour une Plume naissante,

Vôtre très-humble & très-obeïssant
Serviteur, T. M. Marquis de M***

J'ai lû par ordre de M. le Lieutenant general de Police, un ouvrage intitulé, *Lettre de M. le Marquis de M*** à un Gentilhomme de ses amis, contenant la Critique des Critiques de l'Oedipe de M. de Voltaire*; & n'y ai rien trouvé qui en puisse empêcher l'impression. A Paris ce 5. Août 1719. GUEULLETTE.

Vû l'Approbation du Sieur Gueullette, permis d'imprimer, ce 9. Août 1719. DE MACHAULT.

Regisré sur le Livre de la Communauté des Libraires & Imprimeurs de Paris, n. 1122. conformément aux Réglemens, & notamment à l'Arrêt de la Cour du Parlement du 3. Décembre 1705. A Paris ce 15. Novembre 1719.
DELAULNE, *Syndic.*

www.ingramcontent.com/pod-product-compliance
Lightning Source LLC
Chambersburg PA
CBHW060603050426
42451CB00011B/2062